황선태 시인

지금 출발하자

황선태 시집

지금 출발하자

동행

■ 시인의 말

　녹음이 우거진 길을 걷습니다. 어제도 걸은 길, 오늘도 기분 좋게 걷습니다. 푸르름이 주는 편안함과 환희가 가슴속을 가득 채웁니다.

　그러나 나뭇잎 붉게 물들고 낙엽 되어 떨어질 때를 생각하면 안타까움과 함께 마음이 바빠집니다. 이것저것, 이 일 저 일 내려놓고 좀더 감사하고 좀더 사랑하며 살아야겠습니다.

　갈수록 시 쓰기가 어려워지는 것 같습니다. 흘러가는 세월과 함께 눈높이는 높아졌으나 문재文才가 이를 따라가지 못하는 탓이겠지요. 그럼에도 불구하고 시를 쓰고 싶은 마음이 자꾸 일어나는 것은 어떤 이유인지요?

　부족한 대로 제4시집을 세상에 내어 놓습니다. 기쁜 마음과 부끄러운 마음이 교차합니다.

　해설을 써주신 이향아 교수님과 표지 그림을 제공해 준 친구 홍종구 작가에게 감사드리고 성가신 일을 도와준 법무법인(유)로고스 권애란 직원에게도 감사를 표합니다.

2023년 8월

인암仁菴 황선태黃善泰

차 례

■ 시인의 말

1부

갈촌역	15
낙화落花의 여운	17
파문波紋	18
바람이 흔든다	19
최선을 다할 때	20
좋은 사람	21
좋은 친구	22
가을 공원	24
12월을 보내며	26
새해	27
우수雨水	28
살아 있으면 피어난다	30
살아 있는 건 축복이다	31
솟아나는 숨결	33
오월의 한낮	34
새날의 함성	36

2부

입춘날에	41
좋은 보금자리	43
평당 1억 아니라도	45
꽃씨의 기도	47
단풍나무 길	48
9월	50
두 얼굴의 가을	52
겨울 노목	53
밤하늘의 별	55
신원리 바닷가에서	57
리본 하나	58
대한항공 피폭자 위령탑 앞에서	60

3부

지금 출발하자	65
승자와 패자	66
때는 기다리지 않는데	68
사랑은 내리사랑	70
마음 바꿔 먹기	71
찾는 발길 끊어진	72
낡은 등산화	74
살아가는 길	76
그대는 누구인가	77
누가 묻는다 해도	78
아름다운 나이	79
외로움 속의 불빛	80
아내 간병하는 친구의 아픔	82
아픈 세월	84
죽음은 끝이 아닌가	86

4부

진실은 힘이다	89
숭례문 이름 앞에	90
수재水災	91
열리지 않은 창	92
읽을거리	94
배고픈 세월	95
녹아내리는 양심	96
눈에는 눈	97
아이웨어	98
옆도 보세요	99
파리를 잡으려다	100
병풍 두 폭	101
패트병	102
오진誤診 아니겠지요	104
국민의 뜻대로	105

5부

그 피의 그 피	109
이빨만 휑하게 남아	110
동생 생각	112
사진 한 장	114
새벽부터	115
손녀에게 가는 길	116
겸연쩍은 웃음	117
안식	119
11월	120
세모歲暮	121
생명의 빛, 사랑의 빛으로	123
오늘의 기도	125

■ 작품해설 │ 이향아   128

1부

갈촌역*

산자락 끝 허허로운 역
간이역簡易驛 이름답게
같이 내린 한두 사람
금세 떠나면
휑한 철길 위
바람 날아오르고
빈 하늘가
기적소리만 남아 머물던 역

산새 소리 호젓한
산모롱이 돌면 친구집
낙엽 뚝뚝 떨어질 때
휘영한 발길 이끌어
외로움 달래게 해줬던 역

아스라이 흐른 세월
친구도 이웃도 도시로 떠난 지 오래
정겨운 기적소리

아직 울리고 있을까
몸도 마음도 해어진 빈터에
옛날의 별들 하나둘 빛나고
뒤돌아서서 보면
코허리 찡하게
달려오는 역

---

* 경남 진주시 문산읍에 있던 경전선 간이역

낙화落花의 여운

양재천 밤길 가로등 불빛 따라
개구리알처럼 맺힌 벚꽃잎
나직이 불어오는 실바람에
꽃나비 되어
땅 위로 냇물 위로 내려앉는다

떨어진 꽃잎 위에
살포시 얹어 보는 손
아기 살 같은 보드라움 뒤로
가만히 서려오는 애틋한 여운

지는 것이
이리도 고울 수 있다면
고울 수 있다면

아내와 나는
꽃잎 한 웅큼 쥐다 말고
말없이 서로
얼굴을 바라보고 있었다

파문波紋

연못에 떨어진 돌의 파문은
이내 흔적 없이 사라지는데
마음에 떨어진 돌의 파문은
사라지지 않고 상처를 남깁니다

가장 커다란 파문의 돌은
영별永別의 돌
그리고 배신의 돌
그래도 견딜 수 있는 건 실패의 돌입니다

영별 앞에 목 놓아 울고
배신 앞에 부르르 떨며
실패 앞에 땅을 칩니다

바다가 말하네요, 모든 걸 담으라고
산이 말하네요, 자기를 닮으라고
바다 끼고 30년, 산 끼고 45년 살았는데도
아직도 아직도
소리 나는 빈 깡통일 뿐입니다

바람이 흔든다
- 손자에게

강물이 품은 달
동그란 모습 그대로 있지
강물만 흔들리지 않으면

마음이 품은 뜻
첫날의 모습 그대로 있지
마음만 흔들리지 않으면

하지만 샘 많은 바람이 잠깐 사이
강물도 내 마음도
흔들어 놓으려 하지

강바람이야 어떻든
내 마음의 바람은
내가 막아낼 수 있지
곁눈 팔지 말고
미리미리
바람구멍을 틀어막으면 돼
실바람이라도 얕봐선 안 되지

최선을 다할 때

온 힘을 쏟을 때
가슴에 별이 뜨고 보름달 뜨지요
나는 그것을 할 수 있노라
자신감이 샘물처럼 솟아나요

보는 사람 가슴에도
환한 박꽃이 핀답니다
오래오래 바라보고 싶고
물과 거름을 더 주고 싶은 마음이
생긴답니다

성공했다는 결과보다는
마지막 순간까지
최선을 다했다는 과정에 초점을 맞추세요

당장 잡아 올린 물고기 열 마리보다는
아홉 마리 잡기까지의 낚시법을
터득하는 게 훨씬 중요하지요

좋은 사람

쏟아지는 장대비 속에서
정열적인 사람을 봅니다

펄펄 내리는 함박눈 속에서
포근한 사람을 봅니다

활짝 핀 꽃 속에서
참고 최선을 다한 사람을 봅니다

장대비 같고
함박눈 같고
활짝 핀 꽃 같은 사람
내 마음엔
그런 사람들이 둥지를 틀고 있습니다
만나면 언제라도 반갑고
좋은 사람입니다

좋은 친구

정이 많아 좋은 친구
유머 많아 좋은 친구
소탈해서 좋은 친구
취미 같아 좋은 친구
덕망 높아 좋은 친구
아는 게 많아 좋은 친구
그런 친구도 좋지만

깊은 밤 잠이 들지 않고
까맣게 외로울 때
마음 놓고 전화할 친구
진정 더욱 소중한 친구이지

하지만 둘러봐도
한 사람도 떠오르지 않네
세월의 틀 속에 갇혀
딱딱하게 퇴화되어 버려
나부터 그런 친구가 되지 못하니

누가 말했던가
친구는 한 사람도 많은 거라고
정말 그런 친구는 한 사람도 많은 거지

가을 공원

아무도 없는 가을 공원
늦은 밤 울리는 풀벌레 소리
몸을 그넷줄에 맡기고
나를 놓아 본다

빈 옆 그네
소리 없이 와
가만히 앉는 낙엽 하나
어디에서 반갑게 왔을까

비를 가려 주던 누나 형
잇따라 바람처럼 떠난 뒤
뚫어져 버린 가슴 한 구석
지붕도 천장도 날아간
쓸쓸한 공터에
밤 되면 옛날 별 하나 둘 뜨고

누가 와서

낙엽처럼 앉아 주려나
내 마음속 텅빈 자리

12월을 보내며

멀리 떠나가는 12월
붙들지 못하고
속절없는 세월 위에
짙게 드리우는 아쉬움

풍우風雨도 한설寒雪도 견뎌내며
열심히 살아온 365일
어느새 서산 너머 붉게 물든 노을
그 색깔의 의미를 알기에
곧 떨어질 달력 한 장
그 무게를 알기에

그러나 아쉬움 더미 속으로
나를 놓아 버리지는 말자
가슴팍을 파고드는
마지막 달의 시린 미련을 떨쳐내고
새해를 바라보자
설사 그렇고 그런 날이 될지언정
다시 함께할 새 365일을 꿈꿔 보자

새해

아침 해가
바다를 뚫고 솟아오른다
산을 뚫고 솟아오른다

내 가슴도 뚫고 솟아오른다
내 속은 새 소망으로 벅차다

오늘은 365일의 첫날
오늘도 어제 같다면
새해는 없는 거다
아무리 영리하다 해도
침팬지에게 새해는 없는 거다

새해는
가슴 벌떡이는 새로움과 소망으로
오는 거다
새날에 새 옷으로 갈아입자

우수雨水

우수는 소리 없이
봄의 길목을
촉촉하게 적셔 놓고
님이 고이 오시기를
님이 속히 오시기를
기다리고 있다

이때쯤
시인들은 어깨가 들썩거려
시라는 이름으로
수많은 여구麗句 쏟아낸다

크고 작은 생명체들이
살아나며 환호하는 새봄

움츠렸던 나뭇가지에 물기운 도니
저 멀리 까치집도 푸르스름하고
사람들의 걸음걸이도 한결 힘차다

봄은 우수의 물기를 타고
곁으로 곁으로 다가오고 있다

살아 있으면 피어난다

발그레한 매화꽃
어찌 작년과 똑 같이 다시 피어났을까
"살아 있으니까 피어났지요"

옆의 노란 산수유 꽃이 엿들었다
"별다른 거 없어요.
그냥 살아 있으면 피어나는 거예요"

살아 있는 건 축복이다

작년 그 험한 자리
혼魂이 살아
바위 위에도
자갈밭에도
푸른색으로 노란색으로 돋아났다

조상의 디엔에이(DNA)대로
개성을 뽐내며
저 땅에서라도 발붙이고
대를 이어갈 금쪽같은 색색의 생명들

그러나 사는 게 그리 쉬운 일은 아니다
새들이 쪼아 먹는다
세찬 바람에 뿌리채 흔들린다
사나운 폭우에 헐벗겨진다

온몸 상처투성이라 해도
살아 있기만 해라

살아 있으면
꽃 피고 열매 맺는 날 온다
지금은 전부가 아닌 것
살아 있는 건 큰 축복이다

솟아나는 숨결

돌바위에 둥지 틀고
죽은 듯 움츠렸다가
봄 되면 해마다 솟아나는 숨결
하얀 꽃
팝콘 터진 듯 환하다

열악한 터전
겨우내
어찌 하고픈 말 없었으랴
속으로 속으로 태우며
꽃으로 꽃으로 피어났다

희망을 보는 강한 생명력
바람 따라 마음껏 흔들어라
하늘 높이
한껏 날고 싶은 돌단풍 꽃

오월의 한낮

오월의 따사로운 햇살 아래
의자에 몸을 기대고 시집을 읽는다

"라일락 숲에 내 젊은 꿈이 나비처럼 앉는 정오
계절의 여왕 오월의 푸른 여신 앞에
내가 웬일로 무색하고 외롭구나"

무늬둥굴레 황금무늬 잎새 위로
고개 들면 파르스름한 단풍나무 잎이 살랑살랑 바람을 탄다
그 바람 따라
하얀 이팝나무 꽃 향기가 코를 간질인다
한풀 꺾인 영산홍 꽃 너머
진홍의 아젤리아 꽃
핑크빛 금낭화 꽃이 손짓하고
보라색, 흰색의 매발톱 꽃이 온몸으로 유혹한다
노오란 애기똥풀 꽃은 그 이름답지 않게 요염하다
나도 모르게 책을 덮고 일어선다

오월 앞에
책 읽기는 염치없는 일
꽃에 대한 모독이다

새날의 함성

오월의 햇살이 빛나는 광장
예포 21발 울리고
일곱색 무지개도 떴다

한껏 펄럭이는 태극기
가슴을 새롭게 적시는 애국가

사슴과 다람쥐, 고래와 넙치, 독수리와 참새
모두 하나되어
자유, 인권, 공정, 연대를 품었다

국토의 종횡 동서남북에서 메아리치는
새날의 함성
상식, 정의와 통합으로의 진군

눈보라도 있겠지
장대비도 있겠지
그래도 바위를 넘고 굽이를 돌아

유유히 흐르는 한강물
산맥처럼 이어온 오천년 역사

겨레의 저력에 불을 당겨
재도약의 횃불을 높이 올려라
힘차게 노를 저어라

길이길이 찬란한 자유대한
세계와 함께하는 선진 대한

2부

입춘날에

땅 위 잔설
아직 고개 들고 있어도
개울가 버들
새 움 트고
마을 어귀 목련
꽃눈 부풀었네

새아씨 봄
수줍어서
땅 위 모르게
땅 밑 길을 내어
어느새 다가왔나 보다

어쩌나
지난해 새봄 맞으려
공들인 우리집 앞뜰
아직 아무런 낌새가 없네

빌딩 숲속 이리저리 얽힌
깊고 넓은 콘크리트 기초
연한 손이
땅 밑 길을 내기 어려웠나 보다

그러나 기다려야지
저 헐벗은 어린 박태기나무
더 춥지 않아도 되겠지
가지에 물이 오르고 곧
분홍꽃이 활짝
피어나겠다

좋은 보금자리

강남 땅
복작거리는 골목
전깃줄 이리저리 얽힌
전봇대 꼭대기
간신히 자리잡은 금싸라기 땅

강남 노래 부르며
까치 부부 한 쌍
겹겹이 쌓아 지은
고급 삭정이 아파트

어느날 전깃줄 보수하는 인간 손에
죄다 부서져 버리고
혼비백산 집을 떠났다

강남 땅 아니면 어때
푸른 들판 높은 나무 위
가까이 친구가 있는 곳이라면

그곳이 가장 좋은 보금자리 터일 듯
생각을 바꾸고 새로 시작하렴
까치 부부야
행복은 마음속에 있는 것

평당 1억 아니라도

시냇물 반짝이며 흐르는 산자락
높고 훤칠한 나뭇가지 위
까치 부부 노래하면서 사는 집

나도 한번 햇살 좋은
푸른 곳에서 살아 봤으면

언덕배기
들판이 내려다뵈는 훤한 데서
살아 봤으면

그곳에
까치처럼 목조집 한 채 지어
물소리 새소리 속
휘파람 불며
살아 봤으면

강남 땅 아니라도 좋아

평당 1억 아니라도 좋아
행복을 돈으로 셀 수는 없는 거지

꽃씨의 기도

애틋하게 정겨운 이름
발길 끄는 접시꽃

유달리 비 잦더니
못 이룬 꿈 있었을까

꽃잎 떠난 씨방에
안타까움 까맣게 둘러앉아
파란 하늘 우러러
내년을 위해 기도하고 있다

나도 그 자리 둘러앉아
내년을 위해 기도하고 싶다

단풍나무 길

푸른 단풍나무 사잇길을 걷는다
어제도 걸은 길
오늘도 걷는다
습관처럼

그러나 물든 잎 떠올려 보면
내일은
아무도 알 수 없는 길

언제나 내게
생명 주시는 분 안에서
감사하며 감사하며
살아야겠다

얼굴 비벼대고
사랑하며 사랑하며
살아야겠다

좀더

다가서며 다가서며

살아야겠다

9월

9월은
하늘의 때를 말끔히 쓸어 내고
파란 물감을 칠합니다
너무 휑하다 싶은지
구름 대여섯 불러와
명주실을 조개떼를
이리저리 그려 넣습니다

천하무적 불호령하던 여름이
9월의 노닥질에도
말 한마디 못합니다
가만히 숨죽이고 기회를 노리더니
겁먹은 개가 되어
꼬리 내리고 달아납니다

9월이여
이제 높고 푸른 하늘 아래
우리 함께

보석 같은 가을꿈을 그려 봐요
알알이 익어 가는 가을꿈을 이루어 봐요
드넓은 들판
물결치는 황금 천지

두 얼굴의 가을

하늘을 파랗게 물들이고
산들바람 일으키며
가을은 옵니다
코스모스 목을 빼어
꽃춤 추게 하며
가을은 옵니다

높고 시원한 날 온다고 좋아들 합니다. 그러나 언덕 바지 갈잎나무들은 반기지 않습니다. 내 심중에도 가을은 그리 반갑지 않습니다. 가을은 제 한껏 멋 부리다가 가슴 깊이 빈터를 파놓고 한 해를 돌아올 수 없는 다리 저편으로 내몰아버리는 까닭입니다.

겨울 노목

온몸이 움츠러들었다
따뜻한 잎은 다 떨어져 나가고
북풍 앞에 서 있는
삭막한 두 줄기

긴 세월 앓은 굴곡
안으로 안으로 묻고
끝을 알 수 없는
어두움은 깊어만 간다

메마른 살갗 텅빈 가슴
어디쯤 왔을까
환한 햇살
옹기종기 마주한
따뜻한 잎이 종일 그립다

기다려 보자
남산 마루에 곧 새봄 오리니

앙상한 두 줄기에도
찬란한 봄이 찾아오겠지
늠름하게
파릇파릇 새움이 돋아날 거야

밤하늘의 별

겨울 창가에 앉아
바라보는 밤하늘 세상
수많은 별들이 모여 삽니다
큰 별도 있고 작은 별도 있습니다
나는 작은 별이 좋습니다
별들도 소멸된다지요

이땅에서도 나름 빛을 내다가
일찍 소멸된 친구별들이 있습니다
작은 별이었든 큰 별이었든
오늘은 왠지 무척 그립습니다

나도 언젠가는 소멸되겠지만
그때 누가 나를 그리워할까요
누가 가장 그리워할까요

뼈저리게
사랑하다가

뼈저린 뼈저린

그리움을 남겨 놓고

훌쩍

저 하늘의 별이 되어 떠나면 어떨까요

신월리 바닷가에서

흘러간 수십 년
낚싯대 메고 걷던 흙길은
매끈한 포장도로 자동차 행렬
모락모락 연기 피어나던 농가農家는
불빛 휘황찬란 우뚝 솟은 빌딩이네

고성읍 신월리 밤 바닷길을 걸으며
어릴 적 파도 소리 듣고 싶었는데
달빛 아래 호젓하던 밤은 불야성
총총한 별들은 어디로 숨고
바다 위 데크 등불 눈 시리다

친구야, 어디에서 그 옛날 만날 수 있을까
편안히 안기고 싶은 파도 소리
가슴 울리는 바닷새 소리
고요한 밤하늘
초롱초롱 빛나던 큰 별 작은 별

리본 하나

청계산 오르는 길
어느새 힘들어
쉬고 또 쉬며 가는 길

길섶 나뭇가지에 매달린
반가운 리본 하나
"청조 23회 등산회"

이 후배들은 아직 쉬지 않고 계속 오르려나
교정엔 언제 다시 가볼 수 있을까

저 멀리 아스라이 오륙도
그림처럼 선 군함, 화물선
그 톤수 어림하며 불뿜던 친구들
"토셀리의 세레나데"만으론 배고파
"최무룡의 외나무다리"도
불러봐야 했던 친구들
배움의 도가니가 늘 솟아 보였지

그러나 그 심장이 있었기에
대한민국 곳곳에서 꽃을 피우고
세계로 뻗어 빛을 내었지

이제 쉬어 가야만 하는 안타까움
친구들아
하지만 어디 얽매일 것 없지 않은가
안타까움 속에 나를 가두지 말고
자꾸자꾸 오르자꾸나
산이 손짓하지 않는가

대한항공 피폭자 위령탑 앞에서
- 친구 이름 바라보며

그리움 쌓이고 쌓여
가슴으로 밀려오네
1987.11.29.
35년 넘은 긴 시간
탑 앞 말라버린 헌화들
세월의 무상함 일러 주네

세상 좋아졌다지만
살아 보니 별것 없고
한 자락 농
한 가락 곡조
한바탕 너털웃음 태웠던 젊음
그 시절이 최고였어

젊음을 무참히 앗아간 그들 폭도
원수를 사랑하려 해도
어쩌나
온몸 소름부터 돋는 걸

겨울 하늘 아래 바라보는 자네 이름
오늘 따라 왜 이리 쓸쓸한가
아니야
겨울엔 이제 마음까지 얼어붙은
우리네 텅빈 가슴이 쓸쓸한 걸 거야

따뜻한 봄 곧 돌아오겠지
4월 꽃피는 날
하얀 꽃 한 다발 들고
다시 찾아오꾸마
그때 자네 이름 앞에서
좋아하던
"4월의 노래" 한 곡 불러볼게

# 3부

지금 출발하자

꿈을 갖자
핑계 대지 말고

어서 출발하자
망설이지 말고

꿈에 도전할 가장 좋은 때는
바로 이 시간
내일은 아무에게나 오지만
나의 내일은
내가 지금 꼭 출발해야 찾아오는 것

지금 바로 이 시간 출발하지 않으면
그 뒤는 안개로 출발할 수 없다

승자와 패자

뛰고 있네요 뛰고 있네요
기뻐 너도나도 뛰고 있어요
몸 바쳐 천신만고 얻은 승리
밤새도록 뛰고 싶지요

울고 있네요 울고 있네요
서로 부둥켜 눈물 쏟고 있어요
이 악물고 닦아온 기량
몇 순위 아래 팀에 지고 말았으니
그러나 눈물 멈추고
다시 훗날을 기약해야지요

우정도 소용없네요
전에는 같은 팀의 친구였는데
오늘은 자기 나라 위해 적이 되었네요
나라 앞에 개인의 우정은 쪼그라드네요
그래도 저편으로 얼른 가세요
이겼으면

무너진 친구의 마음을 다독여 줘야지요
나 또한 눈물 쏟을 때가 있겠지요

때는 기다리지 않는데

그곳에 그분이 없다
겸연쩍어 내일
봉투 속에 넣어 살짝 드리려 했는데
며칠째 보이지 않는다
좌판 깔아 놓고
손님 없어도
몸 흔들며 콧노래를 부르던 분
앙상한 얼굴 쭈글쭈글한 손에도
기쁨이 있었다

어디로 가셨을까
용기 없어 미루다가
기회를 놓쳐 버렸다
때는 내게 묻지 않고 왔다가 가는 거지
결코 준비할 시간을 주며
기다리지 않았다

파란 봉투

오늘도 안주머니 속에서
안타까이 그분을 찾고 있다

사랑은 내리사랑

네가 꽃풀이라면
난 넓적한 그늘나무 되어
땡볕에 시들지 않게 가려주고 싶었다

네가 연鳶이라면
난 살랑살랑 바람이 되어
하늘 높이 둥실 떠오르게 해주고 싶었다

네가 버드나무라면
난 잔잔한 호수 되어
아름다운 그림자를 드리우게 해주고 싶었다

넌 형을 위해 무얼 해주고 싶었었니

불볕도 눈보라도 견뎌내며
골짝도 언덕도 넘어온 숱한 세월
네게 해주고 싶은 게 많았었나
못해준 게 많았었나
난 아직도 가슴이 비었다

마음 바꿔 먹기

한때 신문이 아니었던 우리집 신문
아침 9시에 배달되니 읽을 수 없어
출근 중에 핸드폰으로 뉴스를 확인했다

좀 일찍 넣어 달라 부탁하면
알겠다 하고서도 또 신문이 되지 않았다
나중에 알고 보니 신문 넣어주는 사람이
다리를 다쳐 고생 중이라고 했다

그래, 신문이 아니면 어떠랴
오히려 퇴근 후에 숙독할 수 있으니 좋지 않은가
마음을 바꿔 먹으니 신문이 아닌 신문이
더 좋은 신문이 되었다
마음 하나 바꿨는데 전혀 다르다
세상이 달라 보이니 세상을 바꿀 수도 있다

찾는 발길 끊어진

어둑한 구석빼기
희미한 등불 하나 의지하고
외롭게 섰다

동전 한 닢이면
딸 소식 친구 소식
문전성시였는데

그 시절 다시 올까
한 발짝 움직이지 않고
기다림을 이겨내고 있다
"잊지 말아 주세요"

문명의 이기利器라더니
문명의 발달로 오히려
깊은 상처를 입었구나

우리 동네

하얀 물망초 꽃
슬픈 공중전화

낡은 등산화

8년을 함께한 그대는
내 발 밑에서 밟히면서도
불만 한 번 없었다

험한 가시밭길 지날 때도
제 몸 찔리며 나의 살 보호했다
얼음밭 지날 때도
내 발 감싸며 따뜻하게 지켜줬다
내 기분 나쁜 날 흙범벅인 채로 놓아둬도
더러운 인간이라고 욕설 한마디 하지 않았다

새 스타일 명품 많이 나오는데도
버리지 않고 신어 주는 것만으로도
감사하다는 거였다

그러나 이제 뒷굽 너무 삐딱하게 닳았고
깔끔하던 피부 허옇게 바래져
눈 딱 감고 이별을 해야겠다

물러날 때를 잘 알아야지
늦어지면 추하게 되는 법

고마운 그대, 나는 그대를
마음에서 지울 수 없다
언제나 최고의 신발로 기억할게
돌아보지 말고 가게나

살아가는 길

반지르르한 대리석 같다
물 한 방울 스며들기 어려운
잘 살아 왔다고
잘 살고 있다고 으스대는
그 앞에서

나는
순박한 정원흙이고 싶었다
곱디고운 꽃 수천 피워 내도
드러냄 없이 퇴연退然한

그대는 누구인가

그대는 참 섬세하다
세미한 저울 같다
노래 한 곡조에 눈가 이슬 맺힌다

그대는 참 냉엄하다
차디찬 얼음 같다
웬만큼 바람 불어넣어서는 녹지 않는다

그대는 참 따뜻하다
폭신한 솜이불 같다
찬바람 나던 곳 금세 아늑해진다

정말 알 수 없는 그대
그대는 누구인가

누가 묻는다 해도

나는 톡 쏘는 벌보다
사뿐사뿐 나비가 좋다

거센 수크령보다
부드러운 강아지풀이 좋다

뻣뻣한 보리보다는
고개 숙인 벼가 좋다

화려한 장미보다는
수수한 목화꽃이 좋다

지식 찬 머리보다는
사랑 찬 가슴이 좋다

어느 누가
백 번 묻는다 해도

아름다운 나이

늙는다는 것은
맞설 마음을 가라앉히는 것
오기를 쓰다듬어 잠재우는 것
너그럽게 양보하며 북돋아 주는 것

이별이 잦아지는 것
눈물이 많아지는 것
세상이 작아지는 것
시간이 빨라지는 것

꾸역꾸역 버리고 즐거워지기
아등바등 버리고 너그러워지기
허둥지둥 내던지고 여유로워지기

가질 것 없이 매일 것 없이
감사하고 사랑하며 살아가는 것
마음의 부자로 살아가는 것

외로움 속의 불빛

마음속 깊은 곳
불빛 한 점 붙잡고 그냥 살래요
어느새 낡아버려
겨울 문턱에 서 있는 걸 어떡해요
아무도 없고
스산한 바람만 찾아와요

바깥은 보기 싫어졌어요
나는 그냥 나
나이고 싶어요
저 멀리 바위섬처럼
외롭더라도 굳게 살래요

내 소리 들으면 금세 곁으로 날아오던
카나리아는 보이지 않고
내 가슴 깊은 곳 흐르는 눈물
아무도 닦아 줄 수 없어요

마음속 깊은 곳
불빛 한 점 붙잡고 그냥 살래요
나중에 불빛이 커지며 환해지는 날
속을 열고 나갈 테니 그때 봐요
그땐 얼어붙은 빗장이 풀릴 거예요

아내 간병하는 친구의 아픔

한 번도 가본 일 없는
알 수 없는 그곳
그곳을 향해
한 발짝 한 발짝 옮겨 놓는다
깜깜한 터널 앞 두려움 다가오는데
당신은 어린애처럼 밝다

부서져 버린 기억 조각들
맞추기 힘들어 하더니
밤의 잠든 얼굴
낮의 고단함 간데없고 편안하기만 하다

세상 속의 섬
세상 번민 모르는 안타까운 에고이스트
그늘나무 되겠다고 약속했으니
발이 움직이는 그날까지
지킬 수 있게 해달라고
두 손 모아 간절히 구한다

오늘도 고된 하루의
감사한 날개를 접는다

아픈 세월

네 바퀴가 돌아간다
늙음이 같이 돌아간다
휜 다리 구부렁한 허리도 함께 돌아간다

손수레에 실린 폐지 조각들
작은 웃음 띠며 살았는데
지금은 손 흔들며
저 멀리멀리
떨어지고 싶다

돌아가는 네 바퀴 속으로
안타까이 사라져 간 세월
부산물처럼 덕지덕지 달라붙은
질병, 회한悔恨

이제
좀 쉬고 싶다
저 하늘 끝

빨간 노을 내다보며
내 황혼을 바라보고 싶다

오늘도 힘겨운
우리 동네 선한 집사

죽음은 끝이 아닌가

아무도 없는 혈혈단신
그 주검 앞에서도
끝나지 않는 분노를 보았다

죽음은 끝이 아닌가 보다
모든 것을 덮는

4부

진실은 힘이다

파란 하늘이 그리웠다
검은 동굴 속을 얼른 빠져나오고 싶었다
그 속엔 억울함과 분노, 좌절과 미움이 있을 뿐

진실이 가려질 때
강퍅한 마음에 싸여
동굴에 깊이 갇히게 된다

뚫고 나올 수 있는 원천은 진실뿐이다
진실은 힘이다, 진실은 밝혀져야 한다
삶은 진실을 지키기 위한 고된 싸움이다
"그래도 지구는 돈다"라는 말이
왜 회자되었겠는가

숭례문 이름 앞에

신호등 없는 세상인가
삼거리 사거리에서도
멋대로 마구 달린다

멈출 줄 모르는 격렬한 싸움질
쏟아내는 품격 잃은 독설
끝장을 보려나
아는 듯 모르는 듯 그냥 내달린다

내 몸통 신호기 되어
빨간 정지 신호 켜고
온몸으로 막아내고 싶다

온 맘으로 사랑하는 내 나라 대한민국
국보 숭례문崇禮門 이름 앞에
부끄럽지 않고 싶다

수재水災

뒤덮인 흙뻘 속에
벤치 하나 을씨년스럽다
풀밭도
길도
집도
싹 쓸고 갔는데
살아남은 게 신기하다

물바다 깊은 상처
서럽고 아픈 마음

벤치 위에 올라서서
사방을 바라본다

자연은 몰염치한 훼손의 대상이 아니라
그 앞에 낮아지고 어려워해야 할
우리의 영원한 외우畏友이다

열리지 않은 창

"이길 가능성이 별로 없어요
그냥 하지 맙시다"
"그래도 해야 돼요
억울해서 안 되겠습니다"
몇 달 후
"이기지 못해 미안합니다"

조그마한 창窓을 보고
열정을 쏟았는데
끝내 창은 열리지 않았다

어두움 속에 있지만
우선 맡긴 사람을 생각한다
예상 밖 그의 격정에는
에둘러 곡선화법曲線話法을 쓰고
속으로 속으로 녹인다
열리지 않은 창을 원망하며
한참 동안 속앓이를 한다

자신을 자신의 법정에 세워 보기도 한다
변호사는 을이다

읽을거리

읽을거리에 갇혔다

헤드라이트 어둑어둑하고
엔진 힘이 없다
연식 40년대
주행거리 수백만 킬로미터
이제
하루 반 권도 달려내지 못하고
높이높이 쌓인다
좌우로 쌓이더니 앞뒤로도 쌓인다
버려도 또 쌓인다

읽을거리에 갇혀
숨이 가쁘다
어느덧
지식의 보고가 아니라
스트레스의 산실이 되어 간다

배고픈 세월

미동도 없는 수양버들 가지
숨 멎은 듯한 아까시나무 잎
모두 땡볕에 지친 여름 하오

그러나 언제나 배고픈 세월이
곧 여름 먹어 치우겠지
먹고 또 먹어도
배탈나거나
배 불러 쉬는 법이 없으니

기다리는 가을이 와도
가을도 금세 먹어 치울 거니
시원한 바람도 잠깐이리

세월의 탐식 앞에 속수무책
달력만 바라보고
나이만 세어 보고 있다

녹아내리는 양심

지하철역 계단
살짝 버리고 간
아이스커피 빈 컵
얼음이 녹고 있다
양식良識이 녹고 있다
양심이 녹고 있다

도盜는 아니고
폭暴도 아니라지만
기棄도 무서워

지금은 또
어느 거리
어느 해변에서
녹아내리고 있을까
꽁꽁 얼려 채워 놓아야 하는데

눈에는 눈

열흘째 아프던 눈
보고 싶은 아들을 보고 나니
몰라보게 좋아졌다

귓병이 아니라서
전화는 소용없었나 보다
눈에는 눈

아이웨어

아이웨어(eyewear)는 안경
그런데 입, 코에도
웨어(wear)를 붙일 수 있을까

턱없는 소리
웨어를 아무데에나 입혀 줄 수 없지
눈은 창같이 맑지만
입과 코는 지저분하고
잡음도 많이 내지

옆도 보세요

길다란 복도 위
딱딱 굽소리 내며 걷는 사람
이웃이 뭐라 말든
구두 속에 가둬 버리고
혼자만의 길을 가고 있다

멋진 구두, 깔끔한 옷매무새도
굽소리에 묻어 버리고
혼자만의 길을 걷고 있다

반듯한 길이라고
곁눈 흘끗 한 번 하지 않고
앞으로만 앞으로만 가고 있다

파리를 잡으려다

파리 한 마리 잡으려고
오른손 높이 쳐들었는데
두 손 모아 싹싹 빌고 있다
이 녀석 어디서 왔을까
먼 우주에서 보면
저나 나나 다 같이
보이지도 않는 존재
그러나 나는 널 잡으려고 하니
내가 너보다 우월한 건 분명하다
무엇 때문일까
우월한 그 무엇은 뭘까

잡으려고 쳐들었던 손
측은해서 내려놓는다
아! 바로 이것
이것이 내가 너보다 우월한
점이로구나

병풍 두 폭

깊은 산을 옮겨와 해를 걸었다
천진한 구름, 바람 따라 산자락을 맴돌고
뒷짐진 사내 산중으로 걸어가고 있다
그의 아낙은 어디서 무얼 하고 있을까

물을 끌고와 호수를 만들고 버들을 심었다
저 건너 소나무 위에는 하얀 학 한 마리 졸고
수염 허연 노인이 낚싯대를 드리우고 있다
그의 할멈은 맛있는 저녁상을 준비하고 있을까

패트병

예쁘게 포장되어 근사한 집으로 갔어요
냉장고 속에 들어가 좀 춥기는 했지만
제 속에 든 생수를 마시며
시원하다 만족해 할 때는
얼마나 좋았는지 몰라요

그러나 생수가 비워지면 처참해져요
구둣발에 밟히기도 하고
칼에 찢기기도 하고
심지어 불 속에 던져져
고스란히 화장을 당하기도 해요

불 속은 너무나 뜨거워요
금세 녹아
한 점 남김없이
타버리고 말지요

세상이 그런 건가요

토사구팽兎死狗烹이라고 하더니만요

오진誤診 아니겠지요

내 엉치의 통증은 엉치 때문이 아니라네요
다리의 저림도 다리 때문이 아니라네요
미처 몰랐는데 허리에 탈이 난 때문이라네요

아내의 잦은 짜증은 아내 때문이 아니라네요
친구의 고혈압도 친구 때문이 아니라네요
미처 몰랐는데 정치에 탈이 난 때문이라네요

국민의 뜻대로

부우웅
"국민의 뜻대로"라고 적힌 적재함의 오토바이
통행금지구역을 마구 달린다
빠른 배달 원하는
일부 국민의 뜻대로일까

배달 끝내고 돌아가는 길
다른 길로 가야 할 텐데
또
같은 통행금지구역을 내달린다
적재함의 글자가
"국민의 뜻대로"가 아니라
"내 뜻대로"로 읽힌다

5부

그 피의 그 피
- 어버이날에

어릴 적 교장선생님이었던 아버지는
내가 1등 하면 좋아하셨다
2등 해도 1등 때와 차이 없이 좋아하셨다
3등을 하면 1등 때보다 더 좋아하셨다
어린 마음에 참 이상했다

내가 아버지 되어
등수 뚝 떨어진 아들에게 야단치던 날
울먹이며
"아버지, 1~2등만 해야 돼요? 그러면 10등은 누가 해야 돼요?"

수십년 흐른 그때에야
옛 아버지 뜻을 깨달았다
피는 세대를 뛰어도 닮는 것인가 보다

이빨만 휑하게 남아

잇몸 같은 형제들
바람처럼 떠나고
이빨만 휑하게 남아
자꾸 시립니다

오늘은
가슴마저 시려 와
하늘 한번 쳐다봤다
먼산 한번 쳐다봤다
혹시나 덜어질까
둑길에 나가 걸어도 봅니다

강물은 말이 없고
날아가는 새도
눈길 한 번 주지 않습니다

세상엔 오롯이 나 혼자입니다
누가 없나요

손 좀 내밀어 주세요
당신의 마음 외롭게 꽁꽁 얼어붙었을 때
내 따뜻한 손 바로 내밀어 드릴게요

동생 생각

오늘같이
햇살 따스한 봄날에는
어릴 적 어머니 심부름 함께 갔던
물소리 정겨운 둑길을
손잡고 걷고 싶다

궂은비 추적추적 내리는 날에는
카페 창가에 둘이 앉아
따뜻한 커피를 마시면서
재미있는 카톡 보여주며
깔깔 웃고 싶다

하늘 높고 푸른 가을날에는
버스에 같이 앉아
단풍 따라 바람 따라
하염없이
멀리멀리 가고 싶다

눈보라 쌩쌩 몰아치는 날에는
군고구마 한 봉지 사서
이불 밑에 다리 뻗고 앉아
내 손으로 까주며
등을 다독다독
다독거려 주고 싶다

사진 한 장

마음속 깊은 흐뭇함
태초부터 기쁨을 싣고
내게 다가왔다

내 혼과 맥이 머물러 선 곳
생명 다하는 날에도 손 내밀며
방긋이 웃음 띨
내가 박힌 옹이 옹이

가까이 다가가
어루만져보는 눈, 뺨
자식보다 더 살가운 감촉
둥실 보름달 뜨는 가슴
행복은 드넓은 강물처럼
손주들 사진 한 장

새벽부터

콩당콩당
콩닥콩닥

오늘은 외국에 사는
손주 셋 오는 날

얼마 만인가?
많이 기다려지는 걸 보니 오래됐나 보다
손가락으로 꼽아 보기도 전에
심장은 벌써 알고
이른 새벽부터 빠르게 뛰고 있다

콩당콩당
콩닥콩닥

손녀에게 가는 길

빗소리 주룩주룩
내 가슴에도 비가 내린다
젖은 마음 둘 데 없어
우산 펴들고 나선 길
농원 너머 냇물 소리
보도교步道橋를 삼켰다

어이없는 물바다에
어쩔 수 없는 내 두 발
돌아서는 발길 앞에
아른거리는 네 눈웃음
멀어지는 걸음 걸음
더 다가오는 까만 눈동자

겸연쩍은 웃음

오랜만에 바라보는 코발트색 하늘
창천에 얼굴을 그린다
훤하게 튀어나온 이마
넋을 빼는 눈웃음
때맞춰 맞는 말로
혀를 내두르게 하는 입

천진함 귀여움 넘어
애절함 같은 것

어느새
핸드폰에서
사진을 꺼내 마주하고
이마를 만져 보고
눈을 깜박여 보고
입술도 움직여 본다

네 앞에

철 잃은 할아버지
겸연쩍어 웃는다

안식

풀밭에 나리는 빗줄기를 보세요
내 마음밭에도 비가 내리고 있어요

나뭇잎에 떨어지는 빗소리를 들어보세요
내 마음결에도 멜로디가 울려요

잔잔한 기쁨에 빗소리 따라
우산 들고 길을 나섭니다
한 발짝 두 발짝
옮겨 놓는 사이사이
편안한 안식이 찾아듭니다

걸음을 인도하시는 분
속으로 그 이름을 가만히 불러봅니다.
내 몸 온통 그 안으로 들어갑니다
"다 내게로 오라 내가 너희를 쉬게 하리라"

아는 듯 모르는 듯
물까치 두 마리가 정답게 날아오릅니다

11월

세찬 바람이 불고 갑니다
싸늘한 냉기에
마음이 오그라듭니다
밤하늘 달도 파랗게 춥습니다
낙엽이 우수수 떨어지고
모든 게 멀리멀리 떠나는 것 같습니다
외로움이 가슴팍을 파고듭니다

오, 주님
이 11월에
우리를 측은하게 여겨 주옵소서
스산함 저 멀리 보내고
우리 마음을 훈훈하게 데워 주옵소서
창가에 바람보다는
포근한 함박눈을 내리게 해주옵소서

주는 등불이시니
어두움을 밝혀 주옵소서
실로암 물에 씻기어
마음의 눈이 환하게 열리도록 하옵소서

세모歲暮

나를 잠깐 멈춰 놓고
이웃을 향하게 하옵소서
발을 좀더 빠르게 하옵소서
손을 좀더 따뜻하게 하옵소서

눈이 좀더 선해지고
무관심하지 않았으면 좋겠습니다

귀가 좀더 예민해지고
무디지 않았으면 좋겠습니다

입술은 좀더 흥이 되고
굳어지지 않았으면 좋겠습니다

심장이 좀더 뛰고
주저하지 않았으면 좋겠습니다

주신 두 손 중 한 손은

이웃을 위해 쓰게 하옵소서
깡통소리 나지 않게 하옵소서

생명의 빛, 사랑의 빛으로

감사와 은혜가 넘쳐
빛이 모여 더 큰 빛 되기 위해
충주시 중앙탑면
국토 중앙에 둥지 튼
중앙빛교회

뜨거운 소망과 기도의 간절함을 보시고
주님께서 있으라 하시니 세워졌네

말씀과 찬양의 띠 두르고
성령 충만한 교회
이웃을 섬기는 교회로

생명의 빛
사랑의 빛
영광의 빛으로
세상에 나아가라

시와 찬송과 신령한 노래들로 서로 화답하고
범사를 예수 그리스도의 이름으로
하나님께 감사하며*
복음을 널리 전하라
죄와 어두움을 물리쳐라
구원의 닻을 내려라

꺼지지 않는 등불
끊이지 않는 주님의 사랑
중앙빛교회

---

* 신약성경 에베소서 5장 19-20절 참조

오늘의 기도

겸손한 마음을 늘 갖게 하시고 얕은 지식으로 남을 비판하지 않게 하옵소서. 제 큰 잘못은 보지 못하면서 남의 쪼그만 허물을 끄집어내지 않도록 하옵소서. 그러나 옳은 것은 옳다 하고 그른 것은 그르다고 말할 수 있게 하시고 그럴 때에도 사랑이 제일임을 잊지 않게 하시기를 바라옵니다.

덕을 세워 이웃이 있게 하옵소서. 덕이 모자람으로 인해 당신의 이름을 더럽히지 않도록 하옵소서. 이웃을 내 몸처럼 소중히 여기고 언제나 저와 이웃의 처지를 바꿔놓고 생각할 수 있도록 도와 주십시오.

화를 내지 않게 하옵소서. 이해할 줄 아는 여유와 감사하는 마음을 갖도록 해주옵소서. 어려운 가운데에서도 온유함을 잃지 않게 하시고 남의 잘못을 용서함으로써 저도 편안해지기를 바라옵니다.

욕심을 내려놓고 작은 것에 만족하며 물처럼 얕은 데

는 채우면서 아래로 아래로 흘러가게 하옵소서. 제가 가진 것을 나눔으로써 저의 마음이 기쁘도록 해주시고 외로운 사람에게는 언제나 지팡이 같은 친구가 되게 해주십시오. 제게 주신 달란트가 그늘진 사람들에게 웃음을 되찾을 수 있는 도구로 쓰이게 해주십시오.

자식들에게는 존경받는 아버지가 되게 하시고 저로 인하여 자식들의 앞을 가리지 않게 하옵소서. 겨울 이불처럼 포근하되 불의를 거부하며 믿음 안에서 최선을 다하는 아버지로 기억되게 해주시기를 바라옵니다.

나라를 사랑하게 하옵소서. 끝없는 대립과 품격 잃은 저열한 독설들 사라지게 하시고 자유, 민주, 평화가 강물같이 흐르는 나라를 이뤄가게 해주십시오.

오늘도 환한 가슴으로 빛을 따라 선한 길 걷기를 원하오니 인도해 주옵소서.

■ 황선태 제4시집 해설

진실은 힘, 외로운 통로

이향아
(시인)

1. 천성은 신의 계시 예술은 인간의 계시

황선태 시인의 네 번째 시집 원고를 읽는다. 그는 2016년 첫 시집 『꽃길의 목소리』를 발간한 후, 2018년에는 『산자락 물소리』를, 2020년에는 『마음속의 자』를 발간하는 등 2년을 간격으로 시집을 출간해왔다.

그리고 2023년에 다시 네 번째 시집 『지금 출발하자』를 발간하게 되었다. 나는 그의 두 번째 시집인 『산자락 물소리』에서도 부족한 대로 해설을 겸한 축하의 말을 썼었다.

그때는 황선태의 시를 반경으로, 한 시인의 문학에 대한 인식과 그 방법에 접근하는 담론이었다. 이번에는 황선태의 사람과 삶을 중심으로 그의 인생에 접근하는 담론이 되기를 희망한다. 그러나 사실 인간과 인간의 언어(문학)는 별개의 것이 될 수 없다. 한 시인이 선호하는 언어는 곧 시인의 아바타이며, 그의 시는 곧 그 사람이다. 사람은 그의 말을 통하여 생각을 표출하고 우리는 그의 말을 통하여 그 사람됨을 파악할 수가 있다. 그러므로 시를 반경으로 한 접근이라든가 삶과 사람을 중심으로 한 접근이라는 말도 실제 상에서는 별다른 구별을 보이지 못하는 게 보통이다.

내가 만난 황선태는 무엇보다도 정도를 걸어온 반듯한 사람이다. 나는 그의 시보다도 먼저 사람을 좋아한다. 그의 타고난 천성이 선량하고 올곧으며 순수하기 때문이다. 미국의 시인이며 소설가요 번역가인 롱펠로우(Longfellow, Henry Wadsworth, 1807년-1882년)는 "천성은 신의 계시이며, 예술은 인간의 계시이다"라는 말을 하였다. 천성은 사람이 태어날 때부터 타고난 것으로서 우리의 희망이나 능력으로 얻어낼 수 있는 영역의 것이 아니지만, 예술은 천성을 부여받은 인간이 관여하는 창조적인 능력이라는 말일 것이다.

롱펠로우의 말처럼 우리는 각자 고유한 성격과 재능과 특징을 가지고 태어났으며, 부여받은 천성은 인격의 기본바탕이 되고 한 인간이 헤쳐나갈 삶에 중대한 영향을 끼치게 된다. 취향과 감각과 사고방식과 습관까지. 천성의 강력한 흡인력은 운명을 좌우한다고 하여 "성격이 운명이다"라는 말도 있는 것이다. 그러나 사람이 아무리 신의 계시로 천성을 타고났다고 하여도 한 생애를 주도해온 주변의 환경과 개인의 경험, 그가 경영하는 일의 질량에 따라서 천성이 변화되는 경우도 흔히 볼 수 있다.

황선태는 법학을 전공하였으며 법의 길에서 한 생애를 살아왔다고 해도 과언이 아니다. 그런데 그는 하고많은 인생의 과업 중에서 왜 시를 좋아하고 시를 쓰고 시인이 되고 시집을 열심히 묶어내고 있을까? 어떻게 생각해도 시와 법의 거리는 그다지 가깝지 않다. 법문이 사실관계를 파악하여 바르게 정돈하는 것이라면, 시는 '현실'이라고 하는 사회(공간적 현실)와 역사(시간적 현실)를 뛰어넘어 존재한다. 현실은 시를 가능하게 하는 여러 가지 조건을 제공하지만, 현실 그것이 곧 시詩는 아닌 것이다.

시는 비현실적이다. 법이 정확하고 일목요연一目瞭然하다면 시는 몽환적이고 상상적인 특성을 가진다. 법은 현실을 장악하고 있지만 시는 이상을 지향하고 있다. 법이 논리적이고 분석적인 사고思考를 원한다면 시는 창의적이고 예술적인 상상을 요구한다. 법문이 보편적이고 객관적인 진리에 가깝다면 시문은 감성적이고 주관적인 진리를 추구한다. 황선태는 현실은 법의 테두리 안에서 구하고 이상은 시의 영역에서 구하려고 했을까?

천성이 아무리 고운 사람도 그 천성과는 전혀 다르게 글을 써야 할 때가 있다. 때로는 현실적인 상황을 문학이라는 형식에 맞추어 모호하게 비유하기도 하고 생략과 압축, 비유라는 수법을 통해서 애매몽롱하게 표현할 수도 있다. 그러나 황선태 시인은 자기 생각을 곧이곧대로 내보일 뿐, 제외하거나 꾸미거나 보태지 않았다는 것을 금세 알게 된다.

2. 좋은 사람들

황선태의 시집을 읽고 있으면 많은 사람을 만나게 된다. 그날그날 평범하게 살아가는 사람들, 서로 신뢰하고 정을 나누면서 살아가는 사람들이다. 예술의 어느 분야(음악이든 미술이든 문학이든)에서든지 작가가 특별히 사람과 사람의 생활을 주요 제재로 삼는다고 하면 그만큼 사람의 생활, 사람과의 관계에 마음을 두고 있다는 것을 의미한다. 마음을 두고 있다는 것은 애정을 가지고 있다는 것이며 희망을 품고 있다는 말과 같다.

사람들 가운데에 가장 가까운 것은 가족이지만 가족을 향한 애정을 인간애라고 확대하는 것은 적절하지 않다. 그것은 자기보존 의식과 다르지 않은 감정이며 오히려 본능에 가까운 사랑일 것이다. 그러나 가족에 대한 사랑은 인류애의 바탕이 되며 그것을 제외하고는 어떤 사랑도 논할 수 없다는 점에서 결코 등한시할 수가 없다.

쏟아지는 장대비 속에서
정열적인 사람을 봅니다

펄펄 내리는 함박눈 속에서
포근한 사람을 봅니다

활짝 핀 꽃 속에서
참고 최선을 다한 사람을 봅니다

장대비 같고
함박눈 같고
활짝 핀 꽃 같은 사람
내 마음엔
그런 사람들이 둥지를 틀고 있습니다

만나면 언제라도 반갑고
좋은 사람입니다
— 「좋은 사람」 전문

우리는 도처에서 사람을 만나면서 살아간다. 때로는 사람을 피하여 인적이 드문 암자를 찾아다니며 삶의 번뇌와 속박에서 벗어나려고 수도와 정진에 노력하는 사람도 있다. 그러나 그것은 인간의 세계에서 떠나려고 하는 일이 아니며, 오히려 원만하고 평화롭게 사람들과 어우러져 살기 위한 수도요 정진일 것이다.

시인은 맑은 날, 궂은날 변화하는 계절의 다양한 일기 속에서 언제나 좋은 사람들을 만난다. 쏟아지는 장대비 속에서는 장대비처럼 열정적인 사람을 만나고, 함박눈이 펄펄 흩날리는 겨울에는 차가운 눈발 속에서도 포근한 사람을 만난다. 그리고 꽃이 만개하여 화창한 계절에는 오래 참으며 최선을 다해 살아온 사람을 만난다.

그들 열정적이고 포근하고 꽃 같은 사람들은 시인의 마음속에 들어와 둥지를 틀 만큼 언제라도 반가운 사람들이며 상호 좋은 관계를 맺고 있다. 좋은 사람을 만나는 데에 특별한 조건이 필요한 것은 아니다. 똑같은 대상도 누가 어떤 눈으로 보느냐에 따라서 천차만별로 달라질 수 있을 것이다. 긍정의 눈으로 보는가 탐색의 눈으로 보는가, 믿음의 눈으로 보는가, 의심의 눈으로 보는가에 따라서 대상은 달라질 것이다.

사람을 만날 때 만나려고 하는 주체가 긍정적인 마음과 열성적인 태도로 대응할 때, 우리 주변에는 사방에 좋은 사람으로 차고 넘치게 되는지도 모른다. 추우면 춥기 때문에 불가능하고, 더우면 덥기 때문에 불가능한 것이 아니다. 사람을 귀하게 알고 사람을 반갑게 받아들이려는 따뜻한 마음, 사랑으로 응대하려는 마음이 마련되어 있는 상태에서는 나쁜 사람이 존재하기가 어렵다는 것을 시인은 일깨워주고 있다.

> 한때 신문이 아니었던 우리집 신문
> 아침 9시에 배달되니 읽을 수 없어
> 출근 중에 핸드폰으로 뉴스를 확인했다
>
> 좀 일찍 넣어 달라 부탁하면
> 알겠다 하고서도 또 신문이 되지 않았다
> 나중에 알고 보니 신문 넣어주는 사람이
> 다리를 다쳐 고생 중이라고 했다
>
> 그래, 신문이 아니면 어떠랴
> 오히려 퇴근 후에 숙독할 수 있으니 좋지 않은가
> 마음을 바꿔 먹으니 신문이 아닌 신문이
> 더 좋은 신문이 되었다
> 마음 하나 바꿨는데 전혀 다르다
> 세상이 달라 보이니 세상을 바꿀 수도 있다
> ―「마음 바꿔 먹기」 전문

어려운 말을 쓰지도 않았고 어렵게 구성하지도 않았으므로 설명을 얹지 않아도 이해가 되는 시이다. 시는 설명을 위하여 논하는 것이 아니지만 시 속에 들어 있는 심지心地가 우리 삶에 매우 중요한 열쇠가 될 수 있을 것 같아서 여기 인용하고 싶어졌다. '마음 바꿔 먹기'는 바꿔 먹은 다음에는 아무것도 아닌 것으로 생각되지만, 마음을 바꾸기까지의 과정은 그리 수월하지 않다.

사람은 누구나 우선 당장 자신의 불편함이 우선이고 타인의 사정은 그리 중요하지 않다. 우리는 역지사지易地思之라는 말을 쉽게 쓰곤 한다. 그러나 역지사지를 실천하기는 어지간히 도통하지 않고서는 쉽지 않다. 아침뉴스니까 아침에 보고 듣는 것이 정상이겠지만 사정이 여의롭지 않으니 저녁에 보고 들으면 어떻겠는가? 오히려 차분한 마음으로 "퇴근 후에 숙독할 수 있으니 좋지 않은가?" 비록 신문이 아닌 구문이 될지라도 더 깊이 더 자세히 파악할 수 있지 않겠는가? 마음을 바꿔 먹었더니 마음이 편해졌다. 좋은 사람을 만나는 데에 특별한 조건이 필요하지 않은 것처럼 사람을 이해하는 데에서도 특별한 조건은 필요하지 않다. 그 사람의 입장에 서서 생각해보면 되는 것이다.

작자는 신문을 배달하던 사람이 다리를 다쳐서 고생하고 있다는 말을 전해 듣고 마음을 바꿔 먹은 것이다. 마음을 바꿔 먹었더니 앓고 있는 사람을 도와주는 일까지 함께 할 수 있게 되어 일거양득이 되었다. 세상을 바꾸기는 어렵지만 마음만 바꿔 먹으면 세상도 바꿀 수도 있다고 시인은 생각한다.

황선태가 사람을 대하는 태도에는 삼강오륜에 기반을 둔 도덕적 가치관과 윤리라고 하는 양심적인 질서가 정연하게 자리를 잡고 있다. 그것은 그의 천성과 제휴하여 소중한 가치관으로 그의 중심을 떠받치는 힘이 되었을 것이며 그의 신념을 실행하는 데에 기여했을 것이다. 시는 시인을 반영하고 시인은 결국 자신을 내보이는 시를 쓰기 마련이다.

황선태에게는 오다가다 스친 사람인데도 오래도록 가슴에 남는 사람이 있다. "그곳에 그분이 없다(…)/ 며칠째 보이지 않는다/ 좌판 깔아 놓고/ 손님 없어도/ 몸 흔들며 콧노래를 부르던 분/ 앙상한 얼굴 쭈글쭈글한 손에도 기쁨이 있었다/ 어디로 가셨을까/ 용기 없어 미루다가/ 기회를 놓쳐 버렸다"(〈때는 기다리지 않는데〉)고 황선태는 안타까워한다.

세상에는 일확천금의 허황된 꿈을 꾸는 사람들도 많다. 자신이 고생하는 것은 세상이 잘못된 탓이라고 책임을 전가하고 언제 큰돈을 왕창 벌어서 떵떵거리면서 멋지게 살아 보나, 헛된 방향으로만 눈을 돌리는 사람들이 많다. 시인은 날마다 이른 아침 즐거운 마음으로 하루를 맞이하는 성실한 좌판 장수 노인에게서 세상의 희망을 발견했으며 그 희망의 불빛이 환희로운 횃불로 커지기를 바랐다.

> 꿈을 갖자
> 핑계 대지 말고
>
> 어서 출발하자
> 망설이지 말고
>
> 꿈에 도전할 가장 좋은 때는
> 바로 이 시간
> 내일은 아무에게나 오지만
> 나의 내일은
> 내가 지금 꼭 출발해야 찾아오는 것
>
> 지금 바로 이 시간 출발하지 않으면
> 그 뒤는 안개로 출발할 수 없다
>
> —「지금 출발하자」전문

화자는 선도자 혹은 지도자로서 앞장서서 걸어가며 뒤따라와야 할 사람들에게 때늦지 않게 출발하도록 권유하고 당부한다. "꿈을 갖자/ 핑계 대지 말고/ 어서 출발하자/ 망설이지 말고"라고. 그러나 출발하지 못하는 자에게도 언제나 이유는 있다. 출발하는 일보다 더 시급하게 처리해야 할 일이 있을 수도 있고 함께 떠날 동지를 기다려야 한다는 이유도 있을 것이다. 혹은 다른 유혹에 마음을 빼앗기거나 신체적인 조건이 적응하기 어려울 수도 있을 것이다. 그러나 앞서서 출발하는 사람의 귀에는 모두 가당치 않은 핑계로 들릴 뿐이다.

이루고 싶은 꿈을 갖지 못했거나 의지가 박약하거나 게으르거나 열정이 부족하여 이리저리 핑계를 댄다고 여겨지는 것이다. 출발하고 싶어도 아무 때나 출발이 가능한 것도 아니다. 지금 바로 이 시간 출발하지 않으면 영원히 출발할 기회가 오지 않을 수도 있다고 선도자는 말한다.

출발하지 않는 자에게는 내일이 없다고, 내일은 내가 지금 출발해야 찾아오는 것이라고 애써 격려하고 재촉하는 선도자의 목소리가 다급하다. 아무에게나 출발하자고 권하지는 않을 것이다. 함께 이루고 싶은 공동의 꿈이 있고 미래를 향하는 시선의 각도가 같지 않으면 지금 출발하자고, 때를 놓치면 안개로 덮여 출발하지 못한다고 독려하지 않을 것이다. 지금 출발하자고 말하는 것은 애정 어린 충고이며 낙원까지 동행하고 싶다는 고백이기도 하다.

3. 강물만 흔들리지 않으면

시골에서 어린 시절을 보낸 그는 자연과 가까이 접하면서 산천초목과 강과 바다, 별과 달에도 남다른 친근감과 애착을 가지고 있다. 자연과 익숙해 있고 늘 가까이 지냈기 때문에 자연의 아름다움을 예찬하고 사랑을 표현하는 일, 자연의 혜택과 고마움을 표명하는 일은 오히려 새삼스럽게 생각되었을지도 모른다. 그의 시에는 많은 자연물의 명칭이 나오지만, 자연물의 명칭과 모습들은 주체가 되기보다 다른 사물의 이미지를 명확하게 부각시킬 수 있는 보조관념으로 운용되고 있다.

 그가 시인으로 새롭게 출발하게 되었던 것은 시인이라는 이름을 가지고 싶었기 때문이 아니었고, 자기 현시욕으로 존재를 드러내려는 욕구가 강했기 때문도 아니다. 친근하고 아름다운 자연을 찬양하고 싶었으며 그 가운데에서 부여받은 인간으로서의 생명에 대한 감사의 마음을 표현하고 싶었기 때문이었을 것이다. 감사와 찬양이 있는 그의 시는 편안하고 막힘이 없으며 순탄하다.

  산자락 끝 허허로운 역
  간이역簡易驛 이름답게
  같이 내린 한두 사람
  금세 떠나면
  휑한 철길 위
  바람 날아오르고
  빈 하늘가
  기적소리만 남아 머물던 역

  산새 소리 호젓한
  산모롱이 돌면 친구 집
  낙엽 뚝뚝 떨어질 때
  휘영한 발길 이끌어
  외로움 달래게 해줬던 역

  아스라이 흐른 세월
  친구도 이웃도 도시로 떠난 지 오래
  정겨운 기적소리

아직 울리고 있을까
몸도 마음도 해어진 빈터에
옛날의 별들 하나둘 빛나고
뒤돌아서서 보면
코허리 찡하게
달려오는 역

　　　　　　　　　　　－「갈촌역」 전문

갈촌역은 경상남도 진주시 문산읍 갈곡리에 위치해 있다. 우리나라 오지의 역들이 대부분 그러하듯이 갈촌역도 지금은 폐쇄되어 기차가 서지 않는 역이 되었다. 시인의 고향 집이 있는 역은 아니지만, 어렸을 적 친구의 집이 있던 곳이므로 고향과 그리 멀리 떨어진 곳은 아닐 것이다. 그는 갈촌역에서 내려 친구 집에 갔었다. 그 역은 작은 역이어서 내리는 사람도 많지 않았을 것이다. 기차는 한두 사람 내려준 후 이내 떠나고, 내리고 나면 휑한 철길 위로 쓸쓸한 바람이 날아오르고 멀리 빈 하늘가엔 기적소리만 남아 귓바퀴에 맴돌곤 했다. 시인의 기억 속 가장 그리운 깊이에 갈촌역은 정겹고도 성결하게 간직되어 있다.

　갈촌역은 예전에도 조용하고 인적이 드문 곳에 있었고 번잡한 역은 아니었던 것 같다. 작자는 친구의 집이 있는 그곳에 자주 갔다든지 몇 번 갔다든지 하는 말은 하지 않았으나 몇 번이 되었든 그 횟수와는 관계없이 작자의 마음에 새겨진 인상은 깊고 특별하여서 잊히지 않는 삽화처럼 또렷하다.

　친구의 집은 역에서 내려 산허리를 돌아가면 보였다. 세월은 그로부터 사뭇 흘러서 기억의 저편에 아스라한 뒷모습만 보인다. 오래 잊고 살았던 갈촌역을 시인이 이 시에서 불러보고 싶었던 것은 반드시 갈촌역만을 생각했기 때문이 아닐 것이다. 갈촌역처럼 아름답고 순수했던 과거의 기억을 그리워한다는 말일 것이다.

우리가 과거를 그리워할 때 일반적으로 불러내는 장소들은 하나같이 쓸쓸하고 외진 곳이다. 그곳에 있던 친구도 이웃들도 도시로 나온 지 오래되었으니 찾아가도 만날 수가 없다. 옛날은 가고 옛날에 있던 사람들도 소식을 모르는 지금, 시인이 부르는 갈촌역은 그리운 과거를 대표하는 장소이다. 우리가 지난날의 고향 산천을 회상할 때 거기에는 아무 행위도 부속되지 않는다. 행위가 있다면 그것은 과거의 행위일 뿐, 현재는 오로지 그리움 뿐이다.

이와 유사한 작품으로 다음과 같은 시가 있다.

> 흘러간 수십 년
> 낚싯대 메고 걷던 흙길은
> 매끈한 포장도로 자동차 행렬
> 모락모락 연기 피어나던 농가農家는
> 불빛 휘황찬란 우뚝 솟은 빌딩이네
>
> 고성읍 신월리 밤 바닷길 걸으며
> 어릴 적 파도 소리 듣고 싶었는데
> 달빛 아래 호젓하던 밤은 불야성
> 총총한 별들 어디로 숨고
> 바다 위 데크 등불 눈 시리다
>
> 친구야, 어디에서 그 옛날을 만날 수 있을까
> 편안히 안기고 싶은 파도 소리

가슴 울리는 바닷새 소리
고요한 밤하늘
초롱초롱 빛나던 큰 별 작은 별
- 「신월리 바닷가에서」 전문

신월리는 경상남도 고성군 고성읍 바닷가에 있는 마을이다. 황선태는 신월리라는 고유명사를 명확하게 기록함으로써 어릴 적 추억을 구체화하고 그리움에 실감을 더하였다. 김소월이 "영변의 약산 진달래꽃"을 노래한 것처럼, 이은상이 "노비산 모롱이는 어린 내 자라던 곳"이라고 추억한 것처럼, 황선태는 "고성읍 신월리 밤 바닷길을 걸으며/어릴 적 파도 소리 듣고 싶었는데" 그렇지 못한 것을 안타까워하고 있다.

친구와 함께 파도 소리에 안겨 하늘에 빛나던 별을 세던 날이 그립다. 낚싯대 메고 친구와 걷던 흙길은 포장이 되어 자동차들의 왕래가 빈번하고, 저녁밥 짓는 연기가 모락모락 피어오르던 옛집들은 어디로 갔는지 종적이 없으며 낯선 빌딩이 우뚝우뚝 솟아올라 전깃불만 휘황찬란하다.

어릴 적 추억은 시인의 기억 속에 있을 뿐이다. 그리하여 추억은 그리움이라는 말과 동의어가 되어버렸다.

강물이 품은 달
동그란 모습 그대로 있지
강물만 흔들리지 않으면

마음이 품은 뜻
첫날의 모습 그대로 있지
마음만 흔들리지 않으면

하지만 샘 많은 바람이 잠깐 사이
강물도 내 마음도
흔들어 놓으려 하지

강바람이야 어떻든
내 마음의 바람은
내가 막아낼 수 있지
곁눈 팔지 말고
미리미리
바람구멍을 틀어막으면 돼
실바람이라도 얕봐선 안 되지
　　　　　　　　　　－「바람이 흔든다」 전문

　위의 「바람이 흔든다」에는 '손주에게'라는 부제가 붙어 있다. 그러므로 이 시는 어린 손자에게 교훈 삼아 주고 싶은 말을 시로 정리한 것이다. 할아버지로서 손자가 부디 강건하게 살아가기를 당부하는 말을 16행 4연으로 쓰면서 어려운 말을 사용할 이유는 없었을 것이다. 그는 어떤 시에서도 독자가 이해하기 어려운 말을 쓰지 않으려고 한다. 그러나 이 시에서는 더욱 그렇다. 흔히 훈계하는 말에서 볼 수 있는 엄격함이나 근엄함이 없고, 가르침을 가르침이 아닌 것처럼 스며들게 하려는 부드러운 숨결이 엿보인다.
　마음을 유혹하는 모든 조건을 할아버지는 바람이라는 말로 처리하였다. 바람은 기류를 따라서 언제나 불어오는 것이고 바람에 조금도 흔들리지 않기는 어려운 일이라는 뜻을 저변에 깔고 있는 어조다. 절대로 흔들려서는 안 된다느니, 넘어가지 말라느니, 조심하라느니 흔히 할아버지가 내놓을 수 있는 말, 긴장감을 조장하고 두려움을 주는 말을 하지 않으려고 하였다. 그런 말이 무익하다는 것을 할아버지는 이미 알고 있기 때문이다.

"강물이 품은 달/ 동그란 모습 그대로 있지/ 강물만 흔들리지 않으면/ 마음이 품은 뜻/ 첫날의 모습 그대로 있지/ 마음만 흔들리지 않으면" 강물만 흔들리지 않는다면 강물 위에 떠 있는 달도 흔들리지 않을 것이며, 마음만 흔들리지 않는다면 마음에 품은 뜻도 첫날 먹은 마음 그대로 갈 수 있다는 말. 겉으로 보기에는 순하지만, 수시로 흔드는 바람의 힘에 네 마음이 흔들리지 않게 잘 간수하지 않으면 안 된다고 호령하는 말보다 더 강한 힘을 담고 있다. 바람은 수시로 불고 자의적이어서 자칫 흔들릴 수 있지만 "곁눈 팔지 말고 미리미리 바람구멍을 틀어막으면" 된다고, 아무리 실바람 같아도 얕봐선 안 된다고, 둥글고 환한 달, 강물 위에 비친 달빛처럼 잔잔하게 가르치고 있다.

4, 그대는 누구인가

고등학교 2학년 교과서에 안톤 쉬낙의 〈우리를 슬프게 하는 것들〉이라는 아름다운 산문이 실려 있었다. 거기에 있는 수많은 문장 중에서 지금 언뜻 떠오르는 구절이 있다. "학창 시절의 친구 집을 방문하였을 때, 그가 이제는 한 사람의 고관대작이요, 혹은 돈이 많은 공장주의 몸으로서 우리가 몽롱하고 우울한 언어를 조종하는 한 시인밖에 되지 않았다는 이유로, 우리에게 손을 내밀기는 하나 우리를 알아보려고 하지 않는 듯한 태도를 취하는 것 같을 때"라는 구절이다.

고관대작이라는 높이와 위치는 어디부터인가 그 개념이 모호하기는 하다. 그러나 시인이라는 신분은 우울하고 몽롱한 언어를 조종한다는 점에서 그 앞의 상대가 누구이든 간에-고관대작이 아니라도-무력한 존재임이 분명하기 때문에 이 문장이 문득 떠올랐나 보다. 사람은 어떻게 살아가든 마찰과 충돌과 크고 작은 파문 속에서 살아가기 마련이다. 상대가 나를 알아보려고 하지 않는 듯한 태도를 보였든, 달갑지 않게 생각했든 받아들이는 입장에서 섭섭함이나 위축감, 수치심을 느꼈다면 그 또한 상처를 입은 것이다. 우리는 늘 상처와 낙심과 크고 작은 절망 속에서 살아간다.

연못에 떨어진 돌의 파문은
이내 흔적 없이 사라지는데
마음에 떨어진 돌의 파문은
사라지지 않고 상처를 남깁니다

가장 커다란 파문의 돌은
영별永別의 돌
그리고 배신의 돌
그래도 견딜 수 있는 건 실패의 돌입니다

영별 앞에 목 놓아 울고
배신 앞에 부르르 떨며
실패 앞에 땅을 칩니다

바다가 말하네요, 모든 걸 담으라고
산이 말하네요, 자기를 닮으라고
바다 끼고 30년, 산 끼고 45년 살았는데도
아직도 아직도

소리 나는 빈 깡통일 뿐입니다

　　　　　　　　　　　-「파문波紋」 전문

　위의 시에서 파문波紋이란 연못의 물결 위에 일렁이는 무늬를 이르지만, 그 무늬는 물결의 에너지에 따라 상상을 초월할 만큼 높이와 강도가 커질 수도 있다. 연못에 돌을 던졌을 때 돌이 물결과 마찰하여 일으키는 파문을 시인 황선태는 "연못에 떨어진 돌의 파문"이라고 표현하였다.
　"가장 커다란 파문의 돌은/ 영별永別의 돌/ 그리고 배신의 돌/ 그래도 견딜 수 있는 건 실패의 돌입니다"에서도 "돌입니다"는 돌이 아니라 돌이 일으키는 파문을 이르며, 돌의 파문이 아니라 돌로 인하여 일어나는 물결의 파문이다. 그러나 사실대로 그렸을 때의 장황한 설명이 시의 운율을 어지럽게 하므로 시행을 압축하고 생략하는 기법으로 표현하였을 것이라고 짐작한다. 그런데 그렇게 표현한 결과 "파문의 돌"이라는 축약된 표현은, 마치 돌이 피부에 닿았을 때에 느끼게 되는 통증까지도 수반하는 효과적인 표현이 되었다.
　독자는 돌=파문이며 돌=아픔이라는 등식에 금세 익숙해질 수 있을 것이다. 실패라는 아픔이야 겪어내는 동안 체험이라는 이력을 쌓고 더욱 견고하게 견딜 저항력을 제공해 주었다는 의미의 말일 것이다.
　황선태는 자기성찰의 목소리로 시를 마감한다. "바다가 말하네요/ 모든 걸 담으라고/ 산이 말하네요/ 자기를 닮으라고/ 바다 끼고 30년/ 산 끼고 45년 살았는데도/ 아직도 아직도/ 소리 나는 빈 깡통일 뿐입니다"
　바다를 끼고 30년, 산을 끼고 45년 살았지만 바다도 산도 닮을 수 없이 소리만 요란한 자신을 고백한다. 그는 많은 작품에서 자기성찰의 목소리를 내고 있다. 문학의 효용성을 말할 때 카타르시스를 느끼게 하는 쾌락성인가 인생을 알게 하는 교시성인가를 두고 설왕설래할 필요는 없다.

카타르시스로 감정을 정화시킬 수 있다면 그것은 곧 정체된 감정의 늪에서 벗어나게 하는 인격 고양의 한 단계가 아니겠는가.

> 파란 하늘이 그리웠다
> 검은 동굴 속을 얼른 빠져나오고 싶었다
> 그 속엔 억울함과 분노, 좌절과 미움이 있을 뿐
>
> 진실이 가려질 때
> 강퍅한 마음에 싸여
> 동굴에 깊이 갇히게 된다
>
> 뚫고 나올 수 있는 원천은 진실뿐이다
> 진실은 힘이다, 진실은 밝혀져야 한다
> 삶은 진실을 지키기 위한 고된 싸움이다
> "그래도 지구는 돈다"라는 말이
> 왜 회자되었겠는가
> ─「진실은 힘이다」전문

삶이란 때로 "억울함과 분노, 좌절과 미움"에 가려진 어두운 동굴인지도 모른다. 우리는 검은 동굴을 빠져나오고 싶어서 발버둥을 치지만 진실은 가려진 대로 있을 뿐 점점 늪으로 더 깊이 잠기고 말 때가 있다. 시인이 "진실이 가려질 때/ 강퍅한 마음에 싸여/ 동굴에 깊이 갇히게 된다"고 한 것으로 보아 얼마나 저항하면서 진실을 지키려고 노력했는지 짐작하게 된다. 때로는 거대한 장벽에 시달리면서 인간으로서의 고독과 회의도 있었을 것이고, 자신의 능력으로 풀기 어려운 옹이와 매듭도 적지 않았을 것이다.

그러나 그는 난관 앞에 외롭게 설 때마다 뚫고 나올 수 있는 힘이 되어 준 것은 진실이라는 것, 내가 믿을 수 있는 힘은 진실 하나이며, 그 진실을 밝히겠다는 의지로 타올라 마음을 재정비하였다. 그리고 살아간다는 것은 진실을 사수하기 위한 고된 싸움이라고 믿었다. "그래도 지구는 돈다"라는 말이 왜 사람의 입에서 끊이지 않고 떠돌고 있겠는가 자문하면서. 오로지 믿을 것은 진실의 힘밖에 없다고 외치는 시인의 목소리가 믿음직스럽다.

진실이 무시되고 진실이 짓밟히고 진실이 외면당하는 사회를 구제하기 위하여 법이 존재하는 것이 아니겠는가. 예전에는 진실하고 선량한 사람을 일러 "법이 없어도 살 사람"이라고 했었다. 그러나 세상에 법이 없으면 무법자가 판을 치게 될 것이다. 선량한 사람을 보호하기 위해서 법은 반드시 있어야 한다. 그리고 그 법은 진실의 편에서 진실이 무엇인가를 알아내는 큰 힘으로 작용해야 한다.

"삶은 진실을 지키기 위한 고된 싸움이다"는 시인의 읊조림이 커다란 위로가 되어 다가온다.

    늙는다는 것은
    맞설 마음을 가라앉히는 것
    오기를 쓰다듬어 잠재우는 것
    너그럽게 양보하며 북돋아 주는 것

    이별이 잦아지는 것
    눈물이 많아지는 것
    세상이 작아지는 것
    시간이 빨라지는 것

꾸역꾸역 버리고 즐거워지기
아등바등 버리고 너그러워지기
허둥지둥 내던지고 여유로워지기

가질 것 없이 매일 것 없이
감사하고 사랑하며 살아가는 것
마음의 부자로 살아가는 것

- 「아름다운 나이」 전문

나이가 든다는 것은 버릴 것을 버리고 살아가게 되었다는 것이며, 아등바등하지 않고 너그럽게 살 수 있게 되었다는 것이라고 여유롭게 말하는 시인. 무소의 뿔처럼 덤비던 도전의 마음이 없어진 것도 나이가 든 덕분이고, 어디에나 나서서 덤비던 만용을 잠재우면서 젊은이들에게 양보하고 물러앉는 것도 나이가 든 어른이 해야 할 일이라는 걸 알게 되었다.

나이가 들어도 억울하지 않고 나이가 들어도 주눅이 들지 않는 것은 포기한 것이 아니라 양보했기 때문이며 베풀었기 때문이다. 그러므로 나이가 는다는 것은 제법 괜찮은 일이다. 다만 이별이 많아서 섭섭하고, 설핏하면 눈물이 앞서는 것이 귀찮기는 하지만 그 또한 아름다운 일 아닌가.

"가질 것 없이 매일 것 없이／ 감사하고 사랑하며 살아가는 것／ 마음의 부자로 살아가는 것" 이것이 나이 드는 것이라면 늙는다는 것은 얼마나 아름다워지는 일인가? 시인은 비로소 소용돌이 같은 늪에서 벗어나서 삶을 깊이 누리고 있는 듯하다.

나는 이 글을 마치면서 황선태의 시 「그대는 누구인가」를 다시 읊어보려고 한다. 여기 나오는 그대가 누구인지 무엇인지 파고들어 깊이 생각하려고 애쓰지는 않으려 한다. 작자도 그대를 노출하려는 적극적인 마음이 없다. 그것은 사람이어도 좋고 사물이어도 무방하다. 그냥 있는 그대로 어디에나 적용되는 그대이기를 시인과 함께 나도 바란다.

> 그대는 참 섬세하다
> 세미한 저울 같다
> 노래 한 곡조에 눈가 이슬 맺힌다
>
> 그대는 참 냉엄하다
> 차디찬 얼음 같다
> 웬만큼 바람 불어넣어서는 녹지 않는다
>
> 그대는 참 따뜻하다
> 폭신한 솜이불 같다
> 찬바람 나던 곳 금세 아늑해진다
>
> 정말 알 수 없는 그대
> 그대는 누구인가
>   -「그대는 누구인가」 전문

"그대는 참 섬세하다"는 말로 시작하여 4연 12행으로 끝나는 비교적 짧은 시다. 길지 않은 시에서 연을 달리하면서 상황이 급변한다. 1연이 섬세함이 주는 극치의 감동이라면, 2연은 섬세함의 필연적인 성격인 얼음 같은 냉엄함이다. 그리고 다시 이어지는 따뜻함과 부드러움이다. 마치 경사가 급한 길을 다급하게 오르는 것처럼 급선회하기 때문에 독자는 대상에 대한 깊은 이해가 부족한 상태로 그대는 누구인가에 감각을 집중

하게 된다.

"세미한 저울"이라고 했지만 저울이 세미하다기보다 저울이 측량하는 무게의 구별이 세미함을 이를 것이다. 지극히 섬세한 차이를 구별하는 천평이라는 저울이 있다. 그러나 그대의 섬세함을 숫자로 표현하는 것은 오히려 그대를 묘사하는 시의 정감을 망치기 쉽다. 한 치의 오차도 용납하지 않는 그대의 섬세함은 냉엄하고 얼음처럼 차가워 엄격하고 두려움을 암시했으면 됐다.

천지에 미만해 있는 사물들은 극에서 극을 아우르고 있다. 얼음처럼 차갑고 냉엄한 그는 어지간한 온도에서는 녹아내리지도 않는다. 그러나 얼음처럼 차갑던 그는 다시 "그대는 참 따뜻하다/ 폭신한 솜이불 같다/ 찬바람 나던 곳 금세 아늑해진다"고 하니 그 거리가 너무 가까운 것은 아닐까?

인간이나 사물이나 무엇이나 과다하면 뜨거워질 것이고, 무엇이나 지나치면 두려워질 것이다. 이러한 이치의 적용이 광범위해질수록 이 시의 포괄적 이미 또한 광범위해질 수 있을 것이다. 그러나 방향을 선회하여 사물의 성격, 삶의 난해함과 불가해함을 포괄하는 시행이라고 해도 동일한 해석이 충분히 적용될 수 있다. 정말 알 수 없는 그대, 그대는 누구인가?

시인 황선태 黃善泰

경남 고성에서 태어나 서울대 법대를 졸업하고 사법시험에 합격하여 육군 법무관을 마친 후 검사로서의 길을 걸었다. 대검 감찰부장과 청주, 대전, 광주, 서울동부지검 검사장과 대한법률구조공단 이사장 등으로 재직했다.

법무법인 (유) 로고스의 대표변호사를 거쳐 현재 상임고문변호사로 일하고 있다. 신한은행 이사회 의장과 분당 할렐루야교회 장로로 섬겼다.

『시와 시학』 신춘문예로 등단, 한국문인협회 회원, 서울법대문우회 회원이다.
시집 『꽃길의 목소리』 『산자락 물소리』 『마음속의 자』 『지금 출발하자』

E-mail : hwangst99@hanmail.net

지금 출발하자

지은이 | 황선태
펴낸이 | 안제인리
펴낸곳 | 동행 출판사
1판1쇄 | 2023년 9월 20일
등록번호 | 제2022-000020호
주소 | 서울시 종로구 성균관로4길 37 101호
전화 | 02-744-7480
FAX | 02-744-7480
전자우편 | dhaeng33@naver.com

값 12,000원
ISBN 979-11-984311-0-3 (03810)

* 이 책의 판권은 지은이와 동행 출판사에 있습니다. 양측의 서면 동의 없는 무단 전제 및 복제를 금합니다.